মেঘলা আকাশ

পূজা চক্রবর্তী

Copyright © Puja Chakraborty
All Rights Reserved.

This book has been published with all efforts taken to make the material error-free after the consent of the author. However, the author and the publisher do not assume and hereby disclaim any liability to any party for any loss, damage, or disruption caused by errors or omissions, whether such errors or omissions result from negligence, accident, or any other cause.

While every effort has been made to avoid any mistake or omission, this publication is being sold on the condition and understanding that neither the author nor the publishers or printers would be liable in any manner to any person by reason of any mistake or omission in this publication or for any action taken or omitted to be taken or advice rendered or accepted on the basis of this work. For any defect in printing or binding the publishers will be liable only to replace the defective copy by another copy of this work then available.

পিতা অজয় চক্রবর্তী এবং মাতা সজল চক্রবর্তী মহাশয় দ্বয়ের পদ যুগলে।

বিষয়বস্তু

ভূমিকা	vii
কবি পরিচিতি	ix
1. প্রিয় বন্ধু	1
2. একুশের ভাষা দিবস	2
3. পোষ্ট মাস্টার	3
4. বেদনা	4
5. পথিক	5
6. যমরাজের প্রতি	7
7. শুভ জন্মদিন	8
8. ছোট্ট দিয়ার বড়দিন	9
9. আমি সেই মেয়ে	10
10. মনের তালা	11
11. নারী	12
12. নতুন বছর	13
13. লোহার খাঁচায় সোনার পাখি	14
14. সাদা কালো ইতিহাস	15
15. তীর ভাঙ্গা ঢেউ	16
16. বিধাতার পরিহাস	17
17. ওগো প্রিয়	18
18. অভিমানী মন	19
19. আমরা দুজন	20
20. বীর নেতাজি	21
21. মানবিকতা	22
22. রাত জাগা পাখি	23

• v •

বিষয়বস্তু

23. অসুখী একজন	25
24. বর্তমান যুগের সাথী	26
25. মা দুর্গা	27
26. অতীত	28
27. অজানা পথ	29
28. রহস্যময় আজব জীবন	30
29. চির নিদ্রা	31
30. প্রেম সাগরের ভাঁটা	32
31. সবুজের রানী	33
32. প্রেয়সি	34
33. আপন পর	35
34. কৃষ্ণপ্রেমী	36
35. রাধা কৃষ্ণ	37
36. ট্রেন দুর্ঘটনা	38
37. প্রেম - প্রীতি	39
38. বৃষ্টি ভেজা সন্ধ্যে	40
39. অধিকার	41
40. হারিয়ে যাওয়া স্মৃতি	42
41. অধ্যায় 41	43
42. তুমি আমি	44
43. তোমার সুখের লাগি	45
44. অনুভূতিহীন মানুষ	46
45. শুধু তুমি	47

ভূমিকা

সহজ সরল ভাষাশৈলী ব্যাবহার করে সাহিত্য প্রেমী বন্ধু দের জন্য নিয়ে এসেছি "_মেঘলা আকাশ_" কাব্যগ্রন্থ টি। সুপ্রিয় পাঠকদের উদ্দেশ্যে বলবো,"মেঘলা আকাশ" কাব্যগ্রন্থে যে কবিতা গুলি স্থান পেয়েছে, তা কবির কাব্য পটের বিচরণ ক্ষেত্রে মুগ্ধতা সৃষ্টি করেছে।আশা করি পাঠক গণ কাব্য পাঠে তৃপ্তি লাভ করবে। প্রেম, বিরহ, বিচ্ছেদ,ঈশ্বর প্রেম,সামাজিক,বাস্তবিক, জীবনবোধ, আত্মনির্ভরতা, প্রভৃতি নিয়ে লেখা"মেঘলা আকাশ"। পাঠকদের ভালো লাগা , কবির অনুপ্রেরণা।পাঠকদের প্রতি অফুরন্ত ভালোবাসা ও যারা এই বইটি প্রকাশ করতে অফুরন্ত পরিশ্রম করেছেন তাদের প্রতি ভালোবাসা ও কৃতজ্ঞতা জানাই।

কবি পরিচিতি

অধুনা ভারতবর্ষের পশ্চিম বঙ্গ রাজ্যের কোচবিহার জেলার ঘোকসাডাঙ্গা থানার অন্তর্গত ছেরামারি গ্রামে ২০০১ সালে ১৩ অক্টোবর জন্ম গ্রহণ করেন।পিতা অজয় চক্রবর্তী এবং মাতা সজল চক্রবর্তী। পরিবারে দুটি সন্তানের মধ্যে ছোটো সন্তান পূজা চক্রবর্তী।

বাল্যকালে প্রাইমারি স্কুলে পড়াশুনা শেষ করে পাটাকামারী রাজেন্দ্র নাথ উচ্চবিদ্যালয় থেকে ২০১৮ সালে মাধ্যমিক ও ২০২০ সালে উচ্চ মাধ্যমিক পরীক্ষায় সাফল্যের সঙ্গে উর্ত্তিন হয়। বর্তমানে ঘোকসাডাঙ্গা বীরেন্দ্র মহাবিদ্যালয়ে ইংরেজি অনার্সের ২য় বর্ষে পাঠরত।

1. প্রিয় বন্ধু

প্রিয় বন্ধু

কলমে - পূজা চক্রবর্তী

বন্ধু মানে" বুঝতে পারা না বলা মনের কথা",
বন্ধু মানে "যে হৃদয়ে কখনো দেয়না ব্যাথা"।
বন্ধু মানে"বন্ধুত্বের শ্রেষ্ঠ উপহার",
বন্ধু মানে"যে কখনো খেলাপ করে না কথার"।
বন্ধু মানে "অফুরন্ত বিশ্বাস,ভরসা"
বন্ধু মানে "অজস্র নিরাশায় একমাত্র আশা"।
বন্ধু মানে"আমি আছি পাশে ,তোর কিসের ভয়?"
বন্ধু মানে "সাহস বুকে এগিয়ে যা, হবেই তোর জয়"।
বন্ধু মানে "সুখ দুঃখ , হাসি কান্নার সাথি",
বন্ধু মানে"দুটি আলাদা প্রদীপের একটি আলোর বাতি"।
বন্ধু মানে"তোমার আমার বন্ধুত্ব টা অনেক দামি",
বন্ধু মানে"অভিমানে খুনসুটি আর একটু পাগলামি"।

2. একুশের ভাষা দিবস

একুশের ভাষা দিবস
কলমে - পূজা চক্রবর্তী
কত বীর শহীদের রক্তে লেখা
একুশের মাতৃভাষা,
মাতৃদুগ্ধ সম আমার প্রাণের
প্রিয় বাংলা ভাষা।
বাংলা ভাষা জাগায় আশা,
বাংলা আমার প্রিয় মাতৃভাষা।
বাংলা ভাষা বড্ড খাসা,
বাংলা আমার প্রাণের ভাষা।
বাংলা ভাষা, হৃদয় ঘেঁষা,
বাংলা ভাষায় লাগলো নেশা,
বাংলা বিনা আমি বাক্য হীনা,
বাংলা আমার হৃদয় বীণা।
বীর ভাষা শহীদের প্রতি,
বিনম্র চিত্তে জানাই সশ্রদ্ধ প্রণতি।

3. পোষ্ট মাস্টার

পোষ্ট মাস্টার

কলমে - পূজা চক্রবর্তী

পোষ্ট মাস্টার,আমাদের গ্রামের ছেলে,
লোকে ভালোবেসে তাকে ওস্তাদ বলে।
চাকরি পেয়ে শহরে গেলো চলে,
শহরে গিয়ে গ্রাম কে গেলো ভুলে ।
নাম তার সূর্য্য,গ্রাম তার প্রাণ,
সে ভীষণ ভালোবাসে গান।
বন্ধুদের নয়নের মনি,সকলের ভরসা,
একমাত্র জ্বলন্ত প্রদীপ ,একমাত্র আশা।
সে তো হাজার মেয়ের ক্রাশ,
তবু মনে তার কষ্ট একরাশ।
যদিও কারণ টা আজও অজানা ,
তবে জানতে চাওয়াও আবার মানা।
ভীষণ রাগ আর জেদ তার,
সকলেই তার কাছে মানে হার।
সেলুট জানাই তোমায় পোষ্ট মাস্টার,
গ্রাম এ কিন্তু ফিরে এসো আবার।

4. বেদনা

বেদনা
পূজা চক্রবর্তী
আঁধার ঘিরিলো মোরে কোথা যাই বল?
কে দিবে পথ দেখাইয়া?কে দিবে বল?
তোদের কাছে বললে কথা হবে উপহাস,
সেই জন্যই মনের কথা করি না প্রকাশ;
সেই হতে জ্বলন্ত অনলে করি আমি বাস!
আমি কাঁদিবো যার কাছে,
সে কি আছে মোর কাছে?
কার কাছে কাঁদিয়া জুড়াবে জীবন?
দুঃখ অনলে মন করিছে দহন!
সুখী কভু কি বুঝিবে দুঃখী জনের মন?

5. পথিক

পথিক

কলমে - পূজা চক্রবর্তী

পথহারা এক পথিক আমি,
অবুঝ হয়ে সবই মানী।
মনের দুঃখে কেঁদে বেড়াই,
যেথায় সেথায় ঘুরে বেড়াই।
কেউ বুঝে না মনের ব্যাথা,
সবই কি ছিল তবে মুখের কথা?
এ হেন পৃথিবীতে কেনো হলো জনম?
বৃথা কাজে গেলো এই মানব জনম!
দু মুঠো ভাত এর লাগি,
কেনো মিছে দাও গালি?
তোমার খাবার পর কত ভাত ফেলো থালে!
সেইটুকু ভাত কি দিতে পারো না অনাথেরে?
কাজ নেই, সাজ নেই, তাই হলাম ভিখারী,
ভগবান ,তুমি কি পারো না করতে আমায় দুঃখ শিকারী?
কাজ করে না ই যদি হয় নাম,
তবে এই জীবনের রইলো কিসের দাম?
দু মুঠো ভাত এর লাগি পরে আছি তোমারই গৃহে,
পথিক বলিয়া এতই কলরব প্রভু হে?
ভাত যদি নাই দিবে তবে দাও দুর করে,
কেনো মিছে দাও গালি আমার এই অন্তরে?
পথিক তুমি সত্যই পথিক বটে,

স্বর্গ, মর্ত ,পাতাল ,কোথাও তোমার ভাত না জোটে!

6. যমরাজের প্রতি

যমরাজের প্রতি
কলমে - পূজা চক্রবর্তী

ও হে যমরাজ, আমি হব ধন্য,
যদি পাই তোমার নিমতন্ন্য।
অসহ্য এ দুর্লভ একাকী জীবন!
প্রফুল্ল চিত্তে করিব মৃতু বরণ।
জীবনর মায়া ত্যগ করে আপন মনে,
আমি রাজি যেতে তোমার সনে।
অবিশ্বাস আর সন্দেহ ছাড়া কি বা আছে এ জীবনে?
পরে আছি একা এই বিচিএ্য ভূবনে।
অপেক্ষায় আছি তোমার নিমতন্নের,
কবে হবে অন্তিম মম এ জীবনের?

7. শুভ জন্মদিন

শুভ জন্মদিন
কলমে - পূজা চক্রবর্তী
আজ ঘুম ঘুম রাত শেষে,
সূর্যমামা উটলো হেসে।
রঙিন আলোর ঝিকিমিকি সবুজ ঘাসে ঘাসে,
স্নিগ্ধ হওয়া দুলিয়ে মাথা ফুলে কলি হাসে।
শুভ লগ্ন, শুভ মুহূর্ত, আজ তোমার শুভ জন্মদিন,
এইভাবেই হাসি খুশী থেকো চিরদিন।
জীবন তোমার রঙিন হোক, হোক ছন্দময়।
এগিয়ে চলো সাহস বুকে ,কাটিয়ে বিপদ, ভয়।
সুস্থ থেকো ,ভালো থেকো এই কামনাই করি বারবার,
এই জন্মদিনে যেন আসে তোমার রাজকুমার।

৪. ছোট্ট দিয়ার বড়দিন

ছোট্ট দিয়ার বড়দিন
কলমে - পূজা চক্রবর্তী
আলোয় সেজেছে শহর,
বাকি মাত্র একটি প্রহর।
তারপর বড়ো দিন,
বাচ্চারা সব নাচছে তা তা ধীন।
বড়ো লোকেদের এই বড়ো দিনের উৎসব,
এইদিন স্যান্টাক্লজ নাকি দিয়ে যায় কত শত উপহার সব।
আমি তো গরীব ঘরের মেয়ে,
স্যান্টাক্লজ দেখিনি জীবনে!
ইচ্ছে পূরণের ঝুলি নিয়ে কেউ তো আসেনা,
মনের মাঝে সুপ্ত ইচ্ছা কেউ তো বুঝেনা!
শহরে আজ বড়ো দিনের বড়ো চমক,
আবদার করলেই আমার কপালে জোটে অজস্র ধমক।
ইচ্ছে আমার স্যান্টাক্লজ সেজে গ্রামের ওই ছোট্ট বাচ্চাদের
ইচ্ছে পূরণ করা,
সপ্ন যেন সপ্ন - ই না থেকে বাস্তবে দেয় ধরা।

৭. আমি সেই মেয়ে

আমি সেই মেয়ে
কলমে - পূজা চক্রবর্তী
একটি বার দেখো দেখি চেয়ে,
আমি কি সেই মেয়ে?
যাহার ভালে রয়েছে চিন্তা রাশি,
তবুও মুখে ভারি মিষ্টি হাসি।
শত কষ্ট যাহার চোখে অশ্রু ঝড়াতে নাহি পারে,
সেই মেয়ে কারো নাহি ধার ধারে।
যাহারে তোমারা করেছ হাজারও অপমান,
আঘাতে আঘাতে আজ সে হয়েছে ম্লান।
যাকে স্বয়ং ঈশ্বর সুখ হতে করেছে বঞ্চিত,
নিষ্ঠুর মানব জগতে সে তো হবেই লাঞ্চিত!
হৃদয়ে চাপিয়া কষ্ট যে করে তোমার বিশ্বাস রক্ষা,
তাকেই কি না তুমি দিলে বিশ্বাসঘাতক আক্ষ্যা?
যে সর্বদা গোপনে তোমায় করেছে সাহায্য,
সেই তুমি কি না কেরে নাও তারই আহার্য্য!
আজীবন অসূস্থতায় সে মৃত্যু কে করেছে জয়,
তাই আজ তার নাহি কোনো ভয়।
দেখো তুমি চেয়ে আমি সেই মেয়ে,
আমি আজও রয়েছি দাড়িয়ে,
তোমার সম্মূখে প্রতিবাদের অস্ত্র হাতে নিয়ে।

10. মনের তালা

মনের তালা

কলমে - পূজা চক্রবর্তী

ঐ উপরে মনের ঘরে বন্দি আছি আমি,
আমায় কি মুক্ত করতে পারবে তুমি?
যদি খুলতে পারো আমার মনের তালা,
জুড়াবে তবে আমার সকল প্রানের জ্বালা।
মনের তালা খুলতে যদি না পারো সখা ,
কেন তবে এ মনে অঙ্কন করেছিলে প্রেমের রেখা?
সব কি শুধু ছলনা আর মিথ্যে অভিনয়?
যদি তাই হয় তবে ক্ষমা তোমার প্রাপ্প নয়।
ঐ মনের ঘরের তালার চাবি নেই তো কারোর জানা,
তাই তো এখনো সেথায় কেউ দেয়নি হানা।
ঐ বন্ধ ঘরে একাকী আমি বড়ই অসহায়!
গুনছি আমি প্রহর মুক্ত হওয়ার আশায়।
মুক্ত হয়ে ঘুরবো আমি সকল দেশ জুড়ে,
গাইবো আমি মনের গান প্রেম রং এর সুরে।

11. নারী

নারী

কলমে - পূজা চক্রবর্তী

নারীর স্বাধীনতার সাক্ষী হয়তো কেবল কিছু সংখ্যক বই!
প্রকৃত পক্ষে নারী, তোমার স্বাধীনতা কই?
নারী, তুমি কি স্বাধীন নাকি পরাধীন?
লোকে বলে তুমি নাকি পুরুষের অধীন?
পিতা, পুত্র, আর পতি,
এরাই নাকি তোমার জীবনের গতি?
নারী তুমি তো দেবী দশভূজার অংশ,
তুমিই তো পুরুষ কে উপহার দাও তার বংশ।
তবে কেনো তুমি এত অবহেলিত,
কেনো এতো অপমানিত?

12. নতুন বছর

নতুন বছর
কলমে – পূজা চক্রবর্তী
নতুন সাজে ,নতুন রূপে
উঠুক সবাই মেতে,
সাহস বুকে এগিয়ে চলো নতুন কিছু পেতে।
নতুন বছর কাটুক সবার ভালো,
নতুন বছরে ফুটুক নব আলো।
নতুন বছরে ফুটুক রঙিন ফুল,
নতুন বছরে মিটুক সবার ভুল।
পুরনো সব দুঃখ ,কষ্ট কে দাও বিদায়,
নতুন বছর আসছে আবার নতুন নতুন আশায়।।

১৩. লোহার খাঁচায় সোনার পাখি

লোহার খাঁচায় সোনার পাখি
কলমে - পূজা চক্রবর্তী
মনকে করেছি বন্দী গভীর চিন্তা দিয়ে,
তবুও মন পালিয়ে যায় ছোট্ট ছোট্ট ছিদ্র দিয়ে।
ইচ্ছের পায়ে দিয়েছি দড়ি ,
মনের সাথেই মনের আড়ি!
এ এক নতুন রূপে নতুন সাজে ,
চোখের জলে বালিশ ভেজে !
ভেজে না তবু তোমার মন,
এরই নাম বুঝি জীবন?
আমার লোহার খাঁচায় সোনার পাখি
আমি কেমনে তারে ধরে রাখি?
যা পাখি যা উরে যেথা চায় তোর মন,
আমায় না হয় ভুলে থাকিস সারাজীবন।

14. সাদা কালো ইতিহাস

সাদা কালো ইতিহাস
কলমে - পূজা চক্রবর্তী
সাদা কালো ইতিহাস,
উদাসীন মন।
জানতে চায় না আর ,
হটাৎ পরিবর্তনের কারণ।
অন্ধকারে দেখা সেই ঝাপসা সপ্ন গুলো,
যদিও হটাৎ করে সত্যি হলো।
জোৎস্না আলোয় জোনাকির এঁকে যাওয়া রঙিন সপ্ন,
যা হয়তো চিরকাল থেকে যাবে অপূর্ণ!
তবে আপসোস বা অনুশোচনা নেই,
কারণ আজ আমি নিজেই পরিপূর্ণ।

15. তীর ভাঙ্গা ঢেউ

তীর ভাঙ্গা ঢেউ
কলমে - পূজা চক্রবর্তী

শান্ত মনের অশান্ত কথা,
বন্দি পাখির মনের ব্যাথা।
বোঝেনা তো এ জগতের কেউ,
তাই সাগরে আসে তীর ভাঙ্গা ঢেউ।
পাষাণে খুটিলে মাথা,
তবু হয় না তো এত ব্যাথা।
যে ব্যাথা তুমি দিলে এনে,
আমার কোমল হৃদয়ে আঘাত হেনে।
কিছু কথা অব্যক্ত থেকে যায়,
মুখোশের আড়ালে অভিনয়ের পটভূমিকায়।
কিছু অব্যার্থ প্রেম অসমাপ্তই রয়ে যায় ,
বাস্তবিক নাটকীয় যবনিকায়।

16. বিধাতার পরিহাস

বিধাতার পরিহাস
কলমে - পূজা চক্রবর্তী
সময়ের সাথে চেনা মানুষ গুলো বড্ড অচেনা হয়ে যায়,
চেনা মুখগুলোই একসময় বড্ড বিরক্তির কারণ হয়ে দাড়ায়।
হারিয়ে গেলে তো তবু খুঁজে পাওয়া যায়,
কিন্তু বদলে গেলে তাকে খুঁজে পাবে কোথায়?
বদলে গেছে সময় , বদলে গেছো তুমি!
কিন্তু প্রিয় আজও বদলাতে পারিনি আমি!
বদলে গেছে প্রাণের আবেগের মানুষ,
জীবন টা হয় তো এমনই এক জ্বলন্ত ফানুস।
আমার ঠোঁটে ফুটলে হাসি তোমার মনে প্রশ্ন জাগে?
তোমার মুখে হাসি ফুটলে আমার মনে তৃপ্তি আসে সবার আগে।
আমার জীবনের প্রতিটি নিঃশ্বাস,
কেবল তোমারই প্রতি অফুরন্ত বিশ্বাস।
বিদায়ী বিদায় নিতে এসেছি এবার,
ভুলে গিয়ে পুরনো সব আবদার।
তোমার সাথে আর হবে না দেখা!
এটাই কি বিধাতার পরিহাস,বিধির লেখা?

17. ওগো প্রিয়

ওগো প্রিয়
কলমে - পূজা চক্রবর্ত্তী
তোমার ঐ চোখে হারিয়ে যাবো,
তোমার মুখের হাসি হবো,
আমি শুধু তোমার, তোমার তোমারই রবো,
তোমার নয়ন জলে ভিজবো আমি,
তবু অমর রবে তোমার আমার প্রেম কাহিনী,
লোকে যদি বলে বলুক তবে আমায় কৃষ্ণ কলঙ্কিনী ।
ভালোবাসি ভালোবাসি ভালোবাসি
শুধু তোমাকেই ভালবাসি ওগো প্রিয়।
নদীর জল ছুয়ে যখন উরে যায় পাখি,
শুধু তোমাকেই দেখিতে চায় এই দুটি আঁখি,
তুমি জানো না গো ,প্রাণ পাখি।
আমি শয়নে স্বপনে শুধু তোমাকেই দেখি,
এই হৃদয় মাঝে শুধু তোমারই ছবি আঁকি।

18. অভিমানী মন

অভিমানী মন
পূজা চক্রবর্তী
ভালোবাসা নাকি খুবই দামী?
তাই এই মন বড্ড অভিমানী,
"এত রাগ ভালো না"
কেনো আর বলো না?
কেনো আছো দূরে সরে?
কেনো থাকো চুপ করে?
সোনালী আলোর ঝিকিমিকি সবুজ ঘাসে ঘাসে,
কথা দিলাম বন্ধু আমি ছিলাম,আছি,থাকবো তোমার পাশে।
সর্বদা তোমায় সুখে রাখুক শ্রী হরি,
মনে মনে আমি এই কামনাই করি।

19. আমরা দুজন

আমরা দুজন
পুজা চক্রবর্ত্তী
নির্জন দুপুরের, শান্ত আকাশ
মৃদুমন্দ বহিছে বাতাস,
কালো মেঘ করিছে গর্জন
রিমঝিম শব্দে পড়িছে বর্ষন,
এমন সময় হঠাৎ মনে পরে,
আজ চোদ্দটি বছর ধরে
তুই ই তো আমার খেলার সাথী।
হেসে খেলে নেচে গেয়ে,
একসাথে কাটিয়েছি পিতার আশ্রয়ে।
ঝগড়া মারামারি আর খুনসুটিতে,
কতো মজা করেছি আমরা দুটিতে।
আনন্দ আর খুশি ঝড়ুক রাশি রাশি,
যতদিন থাকবে চাদের মিষ্টি হাসি।
আয় আজ হাতে হাত রেখে বলি আমারা দুজন,
তুই আমার দিদি আর আমি তোর আদরের বোন।

20. বীর নেতাজি

বীর নেতাজি
কলমে - পূজা চক্রবর্তী
ওহে বীর নেতাজি আজ তোমার শুভ জন্ম ক্ষণে,
আমরা ভারত বাসি নিচ্ছি তোমায় স্মরণে।
1897 সালে 23 এ জানুয়ারি উড়িষ্যার কটক শহরে,
জন্ম তোমার মাহী নগরের বসু পরিবারে।
তোমার পিতা জানকী নাথ , মাতা প্রভাবতী,
অসংখ্য স্বশ্রদ্ধ প্রণাম জানাই তোমাদের প্রতি।
দেশ বন্ধু চিত্তরঞ্জন এর যোগ্য শিষ্য তুমি,
রক্ত দিয়েই স্বাধীন করলে আমাদের ভারত ভূমি।
"তোমরা আমায় রক্ত দাও ,আমি তোমাদের স্বাধীনতা দিবো"
_ তোমার বাণী.
আমরা ভারতবাসী তোমার আদর্শ আজও মনে প্রাণে মানি।
তুমি আমাদের অসীম সাহসী নেতা,
আমাদের জীবন যুদ্ধের অনুপ্রেরণা দাতা।
তুমি সেই মহান সাহসী শ্রেষ্ঠ দেশ প্রেমী,
তোমার চরণে শত কোটি প্রণাম জানাই আমি।

21. মানবিকতা

মানবিকতা
পূজা চক্রবর্তী
মানবিকতা ই প্রকৃত ধর্ম
মানুষের জন্য ধর্ম।
ধর্মের জন্য মানুষ নয়,
কেনো তবে অকারণ হানাহানি হয়?
বিনা দোষে দোষী অভিযুক্ত!
এটাই কি তার শাস্তি উপযুক্ত?
দোষীরা সব বুক ফুলিয়ে ঘুরে বেড়ায়,
নিরপরাধী বিনা দোষে শাস্তি পায়।
ধনীরা সব বিলাসিতায় জীবন কাটায়,
গরীবের জীবন কাটে রক্ত স্রোত ভাটায়!
এটাই কি মানবতা? এটাই মানবিকতা?

22. রাত জাগা পাখি

রাত জাগা পাখি
কলমে - পূজা চক্রবর্তী
আমি এক রাত জাগা পাখি,
ক্লান্ত ও ঘুমহীন এই দুটি আঁখি!
হটাৎ জাগ্রত অবস্থাতেই একটা সপ্ন দেখি,
কাল রাতে কি হয়েছিল জানিস সখী?
তখন প্রায় মধ্য রাত্রি,সাড়ে বারোটা বাজে,
সেই রাত্রে মামার বাড়িতেই ছিলাম একটি কাজে।
বাজারের মাঝ বরাবর সেই তেতুল গাছ,সেখানে তুমি দাড়িয়ে আছো,
তোমার চোখে জল,তুমি আমায় বলছো_
ক্ষমা করো দয়া করে একটি বার,
ভুলটা তো কেবলই ছিলো আমার!
আমি আতকে উঠি ,
নিজেকে চিমটি কেটে দেখি_
সপ্ন নয়,এটা বাস্তব, তবে ওটা মানুষ নয়,
কারণ মধ্য রাত্রে কেবল ভূতেরোই আনাগোনা হয়।
যখন ক্লান্তিতে বালিশে মাথা রাখি,
তখন বারংবার কেবল একটি ছায়া দেখি।
হটাৎ দরজাটা খুলে গেলো,
একটা ছায়া মূর্তি ঘরে এলো।
আমার গলা টিপে আমাকে মারার চেষ্টা করছে,
সে ভীষণ ভয়নক অট্টহাসি হাসছে।

আমি ভয়ে চিৎকার করি, "বাঁচাও,বাঁচাও"
কিন্তু সবাই তখন ব্যাস্ত ,কেউ নেই কোথাও!

23. অসুখী একজন

অসুখী একজন

কলমে -পূজা চক্রবর্তী

সুখী মানুষের ভিড়ে,
আমি অসুখী একজন।
বিদায় দিয়েছে মোরে,
সকল আপন জন।
অদ্ভুত ভাগ্য চক্রে,আমার
নেই কোনো প্রতিদ্বন্দ্বী।
কলি যুগের অগ্নিগর্ভে,
আমি এক শ্রবণ প্রতিবন্ধী!
বিধাতার নিষ্ঠুর পরিহাসে,
আজ আমার রিক্ত হস্ত।
দৈবের করাল গ্রাসে,
নয়ন আমার অশ্রু সিক্ত!
বাধ্য মেয়ে ,কিন্তু অবাধ্য আমার মন,
পারিনি হতে কখনো কারোর আপন জন।

24. বর্তমান যুগের সাথী

বর্তমান যুগের সাথী
কলমে - পূজা চক্রবর্তী
মানুষ মাত্রই স্বার্থপর,
কেউ পারে না টাকা কে করতে পর।
টাকা_ই মানুষের জীবন সাথী,
এটাই বর্তমানে বাস্তব নীতি।
টাকার জন্য করে খুন,
মানে না যে দিদু_দাদুন।
পিতা মাতা পুত্র কন্যা ,
সকলে করে টাকার বন্যা।
সেই বন্যা তে ভেসে যায় হাজারও প্রাণ,
ভেঙে যায় সমস্ত সম্পর্কের টান!
টাকা_ই হলো তোমার জীবন সাথী,
আমি হলাম বনবাসী পরসাথি।

25. মা দুর্গা

মা দুর্গা
কলমে - পূজা চক্রবর্তী
ওগো মা বিপদ নাশিনী
তোমায় শত কোটি প্রমাণ জানাই আমি
মা গো সেই শক্তি দাও মোরে,
যেনো সফল হতে পারি মানব রুপি অসুর সংহারে।
জয় মা দুর্গা মহিষাসুরমর্দিনী,
কৃপা করো মা গো দয়া ময়ী,আমি অতি অভাগিনী।
জয় মা দুর্গা, জয় মা কালী, জয় মা আদ্যাশক্তি মহামায়া
তুমি সতি,তুমি পার্বতী,না না রুপে ধরেছো যে কায়া,
তুমি কৈলাস নিবাসী শিব জায়া,
ত্রিভুবন সংসার সকলি তোমারই মায়া।

26. অতীত

অতীত
কলমে -পুজা চক্রবর্তী
অতীত যে সব হারিয়ে গেছে
তাকে কি আর পাবছ খুজে?
অতীত তো সব বৃথা স্বপ্ন
তাকে কি কেউ রাখে মনে?
অতীত কারোর হৃদয় ভাঙ্গে !
আবার , কারোর মনে আশার আলো আনে।
বর্তমান কে জড়িয়ে রেখে
ভবিষৎ কে সুন্দর করতে,
যে সব কথা ভুলতে হয়
সেই আমাদের অতীত।
অতীতের জন্য বর্তমান যদি হয় নষ্ট?
তবে কি হবে না তোমার কষ্ট?

27. অজানা পথ

অজানা পথ
পূজা চক্রবর্তী
স্বর্গ সকল মানুষেরই কল্পনা ;
সেখানে সুখ , সম্মৃদ্ধির রয়েছ আল্পনা।
নিরন্তর সেখানে বয়ে চলে মহাকালের রথ;
তবুও আমি হারিয়ে ফেলেছি আমার চলার পথ।
অদৃশ্য অজানা নিয়তির টানে,
কিংবা বিধির নিষ্ঠুর বিধানে;
জীবন চলেছে বয়ে কোনো এক অজানা পথে,
সেখানে একাকি আমি ,নেই কোনো আপন জন সাথে।
হতাশাচ্ছন অন্ধকারে আজানা পথে হারিয়ে গেলাম আমি;
জীবন টা নয় অত সোজা, ভাবছো যত তুমি,
অজানা পথে জীবনের দিন গুলি যাচ্ছে চলে বেশ;
ঠিকানাহীন নাম না জানা সেই অজানা পথের কোথায় বা
শূরু কোথায় বা শেষ?

২৪. রহস্যময় আজব জীবন

রহস্যময় আজব জীবন
কলমে - পুজা চক্রবর্তী
চলতে চলতে মন, হারিয়ে যায় কখন?
বুঝে উঠতে উঠতে কেঁটে যায় এ জীবন।
হয়তো জীবন যুদ্ধে কেউ যা হেরে;
কেউ বা আবার বেঁচেও থাকে মরে!
জীবন তার আনন্দময়ী ,জীবন যুদ্ধে যে হয় জয়ী;
কঠোর পরিশ্রমে হয়তো কারোর জীবন আজও রক্তক্ষয়ী।
কেউ খুবই কল্পনা প্রবন ও ভীষন অলস;
হয়তো কেউ আবার জল আনতে ভাঙ্গা কলস।
কেউ ভালোবাসে নাচ ,কেউ আবার গান,
কেউ হয়তো ভালোবাসে কেবলি সুরা পান।
স্বাথের জন্য কেউ কেড়ে নেয় অন্যের প্রাণ!
কেউ আবার অহংকারে গায় নিজের গুণ গান।
কেউ সারাজীবন কাটিঁয়ে দেয় ভগবানের চরনে মাথা ঠুকে;
আজব, তবুও এটাই এক বৈচিত্র্য ময় জীবন বটে।
কেউ খুব সরল মনের ,কেউ আবার পাথরের চেয়েও পাষান হয় ।
মানুষের মন বুঝা সহজ নয়,
এই আজব জীবন বড়োই রহস্য ময়।

29. চির নিদ্রা

চির নিদ্রা
পূজা চক্রবর্তী

ঠোঁট যবে স্তব্ধ হবে নয়ন হবে নীরব!
তখন শুধু উঠবে "হরিবল ,হরিবল" রব।
কর্মেন্দ্রিয় সহ সকল ইন্দ্রিয় হয়ে যাবে অচল;
নিঃশ্বাস প্রঃশ্বাসও থাকবে না আর সচল।
চিতার আগুনে উঠবে যখন আমার এ দেহ!
হয়তো অশ্রুজলে বিলাপ করবে কেহ কেহ!
জীবনের মায়া,শেষ নিঃশ্বাস ত্যাগ করে যাবো চলে ঐ ওপরে
;
তখন আর সাধ্য কার ? আমায় ধরে ;
যখন আমার দেহ চিতার আগুনে ভস্ম !
তুমি কিন্তু নিজেকে ভেবো না একেবারে নিঃস্ব।
ও বন্ধু অশ্রু যেন না আসে তোমার নয়নে;
জানি আমি রয়েছি আমি তোমার শয়নে স্বপনে।
বন্ধুত্বের ভালোবাসার ভালোলাগার সকল স্মৃতি হৃদয়েতে তুলে;
হাসিমুখে বিদায় জানিয়ো আমায় রজনীগন্ধার ফুলে!

30. প্রেম সাগরের ভাঁটা

প্রেম সাগরের ভাঁটা
কলমে - পূজা চক্রবর্তী
ফুল ভেবে জীবনে করেছি যে ভুল ,
আজ প্রাণ দিয়ে দিচ্ছি তারই মাশুল ।
কতো ফুল ফুটে ছিল প্রেম সাগরের তীরে ;
না জানি কি দোষে; সব ফুল গেল ঝরে!
জানি না সে ফুলে ছিল কতো কাঁটা!
তাই প্রেম সাগরে এল ভয়ানক ভাটা।
ছুরি মেরে আমার এ বুকে
যদি তুমি থাকো সুখে;
ততে তাই হোক,
নেই আমার কোনো শোক !
রুক্ষ, শুষ্ক মনে এ মরু প্রান্তরে
আসবে কি আবার প্রেম জোয়ার এ অন্তরে ?

31. সবুজের রানী

সবুজের রানী
কলমে - পূজা চক্রবর্তী
ওহে প্রকৃতির দেবী,তুমি সবুজের রানী,
তাই সকলেই তোমায় নত মস্তকে মানী।
তোমার কথা ফলেই ফলে ,
তাইতো ডেকেছি তোমায় "মা" বলে ।
ক্ষণিকের তরে কেন হও রুষ্ট?
বোঝনা কি তুমি? আমাদের কষ্ট!
হলে তুমি রুষ্ট সকলে যে হয় পথভ্রষ্ট,
তোমার ইশারায় চলে জগৎ সংসার,
তুমি করো চূর্ণ মানব দর্প অহংকার ।
তোমাতে জানাই প্রণাম মাতা,
ধন্য তুমি সবুজ দাতা।
তোমার চরণে প্রণাম ,
ধন্য তুমি ওহে সবুজের রানী ।

32. প্রেয়সি

প্রেয়সি
কলমে - পূজা চক্রবর্তী
ও হে প্রেয়সি রয়েছো,তুমি আমার জীবনে,
রেখেছি তোমায় প্রেমের রতনে।
আগলেছি তোমায় আমি দশটি বছর ধরে,
আজ কোথায় চলে গেলে আমায় ছেড়ে?
বুঝি ঐ যুবকের কাছে?তুমি কি সত্যই বোঝনা?
ও যে তোমায় চায় না ,করছে শুধু ছলনা।
তোমার পাগলামি দেখে ;
হাসি আসে মুখে ,এ হেন দুঃখে!
হারিছে মা ছোট্ট হিয়া,
ফিরে এসো ও হে প্রিয়া।
তোমার মতো নিরুদ্দেশ হিয়ার মুখর হাসি!
কিসের ছিলো অভাব ?আমি কি তোমায় কম ভালোবাসি?
এ হেন দুঃখে ,আমি কেমনে থাকি সুখে?
অপেক্ষায় থাকবো চিরকাল,
যদি কখনো হয় সকাল।
ফিরে যদি এসো তুমি,
সুখের মুখ দেখবো আমি।

33. আপন পর

আপন পর
পূজা চক্রবর্তী
যারে তুমি ভাবলে আপন,
সে_ ই তোমায় ভাবিল পর।
সবই ক্ষণিকের মায়া,
আপন শূন্য বিধির এই খেলা ঘর।
কে আপন আর কে যে পর?
আজও জানা হলো না হে ঈশ্বর।
যাহার জন্য চক্ষু আজি অশ্রু সাগর,
সময় এসে বুঝিয়ে দিলো সেও ছিল পর।
জীবন মাঝি রে, যারে তুই ভাবলি আপন,
সে _ই তো ভাঙলো তোর সুখের স্বপন!
আপন পরের এই খেলা ঘরে,
শ্রী কৃষ্ণ ভজিবারে বড্ড ইচ্ছে করে।
ওরে মন,কৃষ্ণ বিনা কেহ নাহি আপন এই ধরাতলে,
তাই লহ রাধে কৃষ্ণ নাম সকল দুঃখ,কষ্ট ভুলে।

34. কৃষ্ণপ্রেমী

কৃষ্ণপ্রেমী
কলমে - পূজা চক্রবর্তী
নাহি দিবা নাহি নিশি,
শুনি তে পারি অহর্নিশি,
শ্যামের ঐ বাঁশি,
আমি তারে ভীষন ভালোবাসি।
শুনে শ্যামের সেই মধুর বাঁশির সুর,
কেটে যায় ভরদুপুর।
তুমি মম প্রাণ নাথ,তুমি মম জীবন,
তোমা বিনা বৃথা মম এই জনম।
কৃপা করি একবার দেখা দাও ওহে প্রাণনাথ,
পূরণ করো প্রভু এই ভক্তের মনের সাঁধ।

35. রাধা কৃষ্ণ

রাধা কৃষ্ণ
কলমে - পূজা চক্রবর্তী
যে রাধার প্রেমে মুগ্ধ বিশ্ব সংসার,
সেই রাধাই শ্রী কৃষ্ণের প্রেমের মূল আঁধার।
কৃষ্ণ হিনা রাধিকা ,ফুল পল্লব বিরহিত পুষ্পতরু,
শ্রী কৃষ্ণ ছিলো তার প্রেম ও পুজনীয় গুরু।
প্রভু আমি এসেছি তোমার স্মরণে,
কৃপা করে ঠাই দাও মোরে তোমাদের যুগল চরণে।
কে আছে বলো প্রভু মোর?
তুমি বিনা কেহ নাহি মোর।
তুমি আদি তুমি অনন্ত,
তোমাকে জানাই শত কোটি প্রণাম।
কৃপা সিন্ধু করো কৃপা দয়া করে,
সফল যেনো হই সাত সমুদ্র পারাপারে।
আমার কৃষ্ণ জানে আপন মনে তাহারে আমি বাসি কত ভালো,
রাধে কৃষ্ণ বিনে আধার জগৎ নেই তো কোনো আলো।

36. ট্রেন দুর্ঘটনা

ট্রেন দুর্ঘটনা
পূজা চক্রবর্তী

কেউ কর্ম সূত্রে বাইরে থেকে ফিরছিল বাড়ি
কেউ আপন জনের কাছে ফিরছিলো তাড়াতাড়ি।
হায় রে ভাগ্য, কে জানতো? মাঝ পথে হবে ছাড়া ছাড়ি!
কারোর আবার বোনের বিয়ে, একসঙ্গে ফিরছিলো পরিবার
কে নিয়ে।
বোনের জন্য আনা সেই লাল বেনারসি টা দাদার লাল রক্তে
রাঙিয়ে,
মা হারা সেই অনাথ শিশু যার বয়স সবে তিন_চার
অবিরাম কেঁদে কেঁদে জ্ঞান হারাচ্ছে বার বার!
মেয়ে হারা সেই মা, বুক ভাঙ্গা সেই কান্না
আর যে এই বেদনা সইতে পারেনা!
খুবই আনন্দিত মনে, অপেক্ষার প্রহর গুনে গুনে ,
প্রেমিক ফিরছিলো প্রেমিকার কাছে,
হায় রে বিধি, চির বিচ্ছেদ হলো মাঝে!

37. প্রেম - প্রীতি

প্রেম প্রীতি
কলমে - পূজা চক্রবর্তী
পিরিতীর জ্বালা সইতে নারি বালা,
ভাবনা ছিলো পিরিতি হবে বিয়ের মালা।
হঠাৎ একটি ঝড়ে প্রেম গেল দুরে সরে,
চীরতরে বন্ধ হল দোর প্রীতির ঘরে।
মন নিয়ে খেলা করে প্রেম দিলো ধোঁকা!
প্রীতি ছিলো খূব সহজ ,সরল আর বোকা!
মিথ্যে আশা, মিথ্যে ভালোবাসায় বাঁধা পরেছে এ মন!
ফিরি যবে রাজ পূরে প্রবেশ করিলো প্রেম, জীবন।
প্রীতি কাদে মনে মনে দুঃখ ওভিমানে,
প্রেমের হবে বিয়ে রাজকুমারি স্নেহার সনে।
প্রীতির জন্য প্রেমের অশ্রু ঝড়ে গোপনে!
এক সখি মুখে শুনি বিবরন,
রাজকুমারি সকলি অবগত হন।
কাঁচা বাঁশে ঘুণে ধরেছে,
রাজকুমারি মনে মনে ক্রদ্ধ হয়েছে।
স্বেচ্ছায় মহারাজের আজ্ঞা নিয়ে ,
রাজকুমারি দিলো প্রেম-প্রীতির বিয়ে।

৩৪. বৃষ্টি ভেজা সন্ধ্যে

বৃষ্টি ভেজা সন্ধ্যে
কলমে - পূজা চক্রবর্তী
বৃষ্টি ভেজা সন্ধ্যে বেলা,
আমি বড্ড একেলা।
আসলো আবার ঝড়,
আমি তো নই তোমার পর?
তবে কেনো আজি বিচ্ছেদ বেলা!
এই বৃষ্টি ভেজা সন্ধ্যে বেলা।
মনে রয়েছে খুব ব্যাথা,
বড্ড মনে পরে তোমার কথা।
ওগো প্রিয় বন্ধু,কোথায় তুমি?
আজ যে বড় একাকী আমি।

39. অধিকার

অধিকার

পূজা চক্রবর্তী

আমার কি আছে অধিকার?
তোমার সম্মুখে দাড়াবার?
আমি নয়তো তোমার আপন জন;
কেমনে বুঝবো সখা তোমার মন?
আমার কি আছে অধিকার?
তোমার মনের সিংহাসনের রাণী হবার?
আমার কি আছে অধিকার?
তোমার মূখে স্নেহের বাণী শুনবার?
না নেই কারন ঘটেছে আমার অঙ্গবিকার!
তাই নেই বূঝি আমার কোনো অধিকার?
ওহে সুস্থ স্বাভাবিক মানুষ তোমরা বুঝলে না;
মরুভুমির পাথর হওয়ার মনের যন্ত্রনা!
তোমরা কি শুনতে পারছো না অসহায় প্রতিবন্ধী মানুষদের
র্আতনাদ!
কেনো নেই তাদের কোনো অধিকার?
কোনোদিনো কি পূরণ হবে না প্রতিবন্ধীদের মনের সাঁধ?

40. হারিয়ে যাওয়া স্মৃতি

হারিয়ে যাওয়া স্মৃতি
কলমে - পূজা চক্রবর্তী
তুমি ছিলে বামে,আমি ছিলাম ডানে,
তোমার সকল কথাই বাজত আমার কানে।
আজ তুমি আছো দক্ষিণের শিখরে,
আমি আজও উত্তরের জানালার ধারে।
হয়তো তুমি গেছো ভুলে আমায়,
কিন্তু আজও তুমি রয়েছ আমার গভীর ভালোবাসায়।
ওগো প্রিয় আজও তুমি আছো আমার অন্তরে,
পেয়েছো কি খুঁজে কিছু?অশ্রু জলের ভিতরে।
বোঝনি তুমি আজও আমার এ মন,
শুধু দেখে গেলে নাটক ,বুঝলে না এ জীবন!
চোখের কোণে জল দেখে পায় যে হাসি,
এই অশ্রু জলের মাঝে আজও তোমায় ভালোবাসি।
হায় রে বিধি ! জীবনে মরণে দুঃখ যে আমার সাথী,
তাই নিভে গেলে আজ আমার জীবন নামক প্রদীপের বাতি।

অধ্যায়41

মা এর প্রতি খোলা চিঠি
কলমে - পূজা চক্রবর্তী
প্রিয় মা, মা গো শক্তি দাও মোরে,
যেন সফল হই মানব রুপি অসুর সংহারে।
জয় মা দুর্গা, জয় মা মহিষাসুরমর্দিনী,
জয় মা ভব ভয়হারীনি।
এবার দশমীতে তোমার বিদায় বেলা,
আমাকে কিন্তু করে দিও না একেলা।
এবার আমায় তোমার সঙ্গে নিয়ে যেও,
তোমার চরণে একটু স্থান দিও।
মা গো প্রতি বার আমায় ফাঁকি দিয়ে,
যাও চলে চোখের জলে আমার বুক ভাসিয়ে।
ও মা এবার তোমার চরণে পরি মা,
এই ভবের যন্ত্রণা আর যে সইতে পারি না।

42. তুমি আমি

তুমি আমি
পুজা চক্রবর্তী

তোমার শহরের বাস স্ট্যান্ড এ, কিংবা নদীর ধারে,
তোমার জন্য অপেক্ষারত দিনগুলো বড্ড মনে পরে।
আমদের দেখা হতো রোদ বৃষ্টি ঝড়ে,
সব কস্ট মুছে যেত রাগ অভিমানের ভিড়ে।
তুমি আমি দুইজন বাঁধবো একটি ছোট্ট ঘর,
সেথায় আমি হবো তোমার বউ,তুমি আমার বর।
সেখানে থাকবে শুধু প্রেমের নিরবতা,
দূর হয়ে যাবে মনের সকল ব্যাথা।
হয়ত আমাদের থাকবেনা তিন তলা বিল্ডিং বাড়ি,
তবে চার পাশে থাকবে সবুজ ঘাস সারি সারি।
কিছু না বলা কথা বলতে বলতে হারিয়ে যাবো,
নয়তো তোমায় ভালোবাসায় ভরিয়ে দিবো।

43. তোমার সুখের লাগি

তোমার সুখের লাগি
কলমে - পূজা চক্রবর্তী
তোমার সুখের লাগি মম প্রাণ,
যদি দিতে হয় বলিদান।
ধন্য হবো গো ধন্য আমি,
ওহে আমার বঙ্গ জননী।
আমি চলে যাবো সব ছেড়ে
আর কখনো আসবো না ফিরে!
চোখের জলে ভিজবে তোমার নীর;
আমি নেই, তবু হাজার লোকের ভিড়!
নারী তুমি হও স্বাধীন,
আর থেকো না পুরুষের পরাধীন।
অন্যায় অত্যাচার এর বিরুদ্ধে করো প্রতিবাদ,
এবার করো পূরণ তোমার মনের সাধ।

44. অনুভূতিহীন মানুষ

অনুভূতিহীন মানুষ
পূজা চক্রবর্তী
যার প্রয়োজনে তুমি হয়ে ছিলে তার প্রিয়জন,
প্রিয়জন হারিয়ে গেলেও আজও ফুরোয়নি তার প্রয়োজন।
ইচ্ছে ছিলো, আজ তুমি আমায় লাগবে রামধনুর ওই সাত রং ,
তোমার ভালোবাসার ছোয়ায় হারিয়ে যাবে আমার এই মন।
ছুরি মেরে আমার এ বুকে,
যদি তুমি থাকো সুখে,
তবে তাই হোক! তবে তাই হোক!
কিছু অনুভূতিহীন মানুষের,কিছু অবাধ্য স্মৃতি,
বদলে দিয়ে যায় কিছু সরল মানুষের জীবনের ভিত্তি।
তুমি রূপ দেখে মানুষ চেনো মন দেখ নয়,
তাই তো আজ তোমার এত নির্মম পরিনয়!
হতে পারি আমি অস্তিত্ব হীন তোমার সাম্রাজ্যে,
কিন্তু তুমি আমার প্রেমিক এই মনের রাজ্যে।
আমার কথা পরলে মনে অশ্রু যেনো না আসে তোমার নয়ন ধারায়,
আমায় তুমি পাবে খুঁজে আকাশ মাঝে ওই তারায়।

45. শুধু তুমি

শুধু তুমি
কলমে - পুজা চক্রবর্তী
ইচ্ছে গুলো বন্দী যখন,
তখন ও মন শোনেনা কোনো বারণ,
জেদ তার অকারণ,
সব হিসেব,নিকেশ শেষে,
ফিরবে যখন মন ফাগুনের দেশে,
"ভালোবাসি তোমায় প্রিয়া"এ মনের দেশে,
বলো কিন্তু একটি বার মুচকি হেসে হেসে।
শুধু তোমাকে চাই ,শুধু তোমাকে ই চাই,
থাকতেও পারিনা বন্ধু ,ভুলতেও পারি না।
এ মন করে বড়ো জ্বালাতন শুধু তোমারি জন্য,
তোমাকে ভালোবেসে আমি হয়েছি ধন্য।

www.ingramcontent.com/pod-product-compliance
Lightning Source LLC
LaVergne TN
LVHW041715060526
838201LV00043B/741
* 9 7 9 8 8 8 7 1 7 2 8 4 2 *